❺ 에취, 재채기가 멈추지 않아!

글쓴이 **주디 캐치크**
미국 뉴욕에 살고 있는 동화 작가이자 어린이 TV 프로그램 작가입니다. 「리틀 골든 북 *Little Golden Book*」 시리즈, 「가장 작은 애완동물 가게 *The Littlest Pet Shop*」 시리즈, 「신기한 스쿨버스 어드벤처」 시리즈 등 어린이를 위한 책을 쓰고 있습니다.

그린이 **아트풀 두들러스**
일러스트레이션 및 디자인 스튜디오입니다. 여러 아티스트가 모여 「과학탐험대 신기한 스쿨버스」 시리즈, 「신기한 스쿨버스 어드벤처」 시리즈 등 어린이를 위한 그림을 그리고 있습니다.

옮긴이 **이한음**
서울대학교에서 생물학을 공부했고, 현재 과학책을 쓰고 번역하고 있습니다. 지은 책으로는 『바스커빌가의 개와 추리 좀 하는 친구들』, 『생명의 마법사 유전자』 등이 있고, 옮긴 책으로는 「자연 다큐 백과」 시리즈, 『경이로운 동물들』, 『빠르게 보는 우주의 역사』 등이 있습니다.

1판 1쇄 찍음 — 2023년 11월 28일, 1판 1쇄 펴냄 — 2023년 12월 12일
글쓴이 주디 캐치크 그린이 아트풀 두들러스 옮긴이 이한음 펴낸이 박상희 편집장 전지선 편집 송재형 디자인 정다울
펴낸곳 ㈜비룡소 출판등록 1994. 3. 17.(제16-849호) 주소 06027 서울시 강남구 도산대로1길 62 강남출판문화센터 4층
전화 02)515-2000 팩스 02)515-2007 홈페이지 www.bir.co.kr
제품명 어린이용 각양장 도서 제조자명 ㈜비룡소 제조국명 대한민국 사용연령 3세 이상

THE MAGIC SCHOOL BUS RIDES AGAIN: CARLOS GETS THE SNEEZES

Copyright © 2018 Scholastic Inc. Based on the television series THE MAGIC SCHOOL BUS: RIDES AGAIN © 2017 MSB Productions, Inc. Based on The Magic School Bus book series © Joanna Cole and Bruce Degen.
SCHOLASTIC ™, THE MAGIC SCHOOL BUS ™ and associated logos are trademarks and/or registered trademarks of Scholastic Inc. All rights reserved.

Korean Translation Copyright © 2023 by BIR Publishing Co., Ltd.

This Korean translation edition is published by arrangement with Scholastic Inc., 557 Broadway, New York, NY 10012, USA through KCC(Korea Copyright Center Inc.), Seoul.

이 책의 한국어판 저작권은 ㈜한국저작권센터(KCC)를 통해 저작권사와 독점 계약한 ㈜비룡소에 있습니다.
저작권법에 의해 한국 내에서 보호를 받는 저작물이므로 무단 전재와 무단 복제를 금합니다.

ISBN 978-89-491-5465-7 74840 / ISBN 978-89-491-5460-2(세트)

신기한 스쿨버스 어드벤처

⑤ 에취, 재채기가 멈추지 않아!

주디 캐치크 글 · 아트풀 두들러스 그림 | 이한음 옮김

비룡소

프리즐 선생님 반 친구들

 조티

 아널드

 랠프

 완다

 키샤

 도로시 앤

 카를로스

 팀

리즈

차 례

1장 카를로스의 수수께끼 상자   7

2장 교실에 온 깜찍한 손님   15

3장 축축하고 끈적한 콧속 탐험   25

4장 몸속 바이러스를 찾아라!   34

5장 소중한 새 친구를 위해서   40

6장 코딱지 길에서의 한판 승부   49

7장 우린 침입자가 아니야!   61

8장 멈추지 않는 재채기의 비밀   69

9장 쏙쏙 다 잡아 집게의 위력   79

10장 알레르기 반응을 일으키는 것   87

11장 래트니의 새 보금자리   95

    신기한 과학 개념 사전   106
    호기심 해결! 질문 톡톡   108

1장
카를로스의 수수께끼 상자

"카를로스만 열어 봐. 다른 사람은 안 돼! 완다가."

도로시 앤이 쪽지에 적힌 글을 소리 내어 읽었어요.

도로시 앤, 조티, 랠프, 키샤, 팀, 아널드는 천으로 덮여 있는 상자 주위에 모여 있었어요. 랠프가 천을 향해 손을 뻗었어요.

"안에 뭐가 들어 있을지 궁금해."

랠프가 말했어요.

도로시 앤이 계속해서 쪽지를 읽었어요.

"추신. 다른 사람은 바로 너를 말한 거야, 랠프!"

"헉, 어떻게 알았지?"

랠프가 움찔했어요.

카를로스만 수수께끼 상자를 열 수 있었는데 자리에 없었어요. 그래서 아이들은 상자 안에 뭐가 들어 있을지 저마다 추측했어요.

"구하기 힘든 인기 만화책이 들어 있을지도 몰라."

늘 그렇듯이 팀은 만화책을 떠올렸어요.

"피자가 쌓여 있을 수도 있어!"

랠프가 말했어요. 랠프는 깜짝 이벤트보다 피자를 더 좋아했지요.

"혹시 보호안경인가?"

아널드가 말했어요.

'웬 보호안경?'

아이들의 눈이 일제히 아널드를 향했어요.

"보호안경이 어때서? 아주 괜찮은 선물이야!"

아널드가 어깨를 으쓱했어요.

바로 그때, 카를로스가 교실로 들어왔어요.

"카를로스, 이것 봐. 완다가 너한테 주는 거래."

키샤가 말했어요.

천으로 덮인 상자를 보자 카를로스의 눈이 반짝였어요. 카를로스는 안에 무엇이 들어 있는지 이미 알고 있었지요.

"와, 드디어 왔네! 분명 너희도 마음에 들 거야. 자, 같이 열어 볼까?"

도로시 앤, 조티, 랠프, 키샤, 팀, 아널드는 엄청난 것이 나오기를 기대하며 상자 쪽으로 몸을 굽혔어요.

"짜잔!"

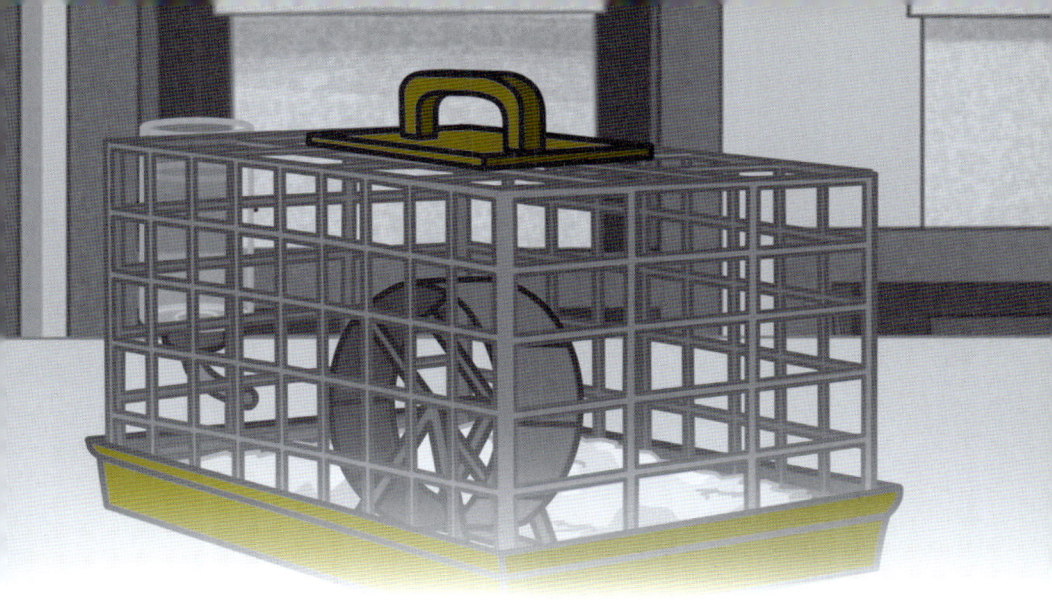

카를로스가 상자를 덮은 천을 확 젖혔어요. 밑에는 작은 우리가 있었어요. 비어 있는 채로요.

"텅 빈 우리라니, 내가 늘 갖고 싶었던 거야."

랠프가 농담했어요.

"어? 어디 갔지?"

카를로스가 말했어요.

"뭐가?"

아이들이 물었어요.

"래트니를 말하는 거야."

그때 완다의 목소리가 들렸어요. 완다는 폭신한 천으로 감싼 무언가를 받쳐 들고 교실로 들어왔어요. 완다의 손에 들린 것은 작은 흰쥐였어요!

"래트니가 탈출한 걸 내가 화단에서 찾아왔어."

완다는 아이들에게 상황을 설명하고 흰쥐를 소개했어요.

"인사해. 래트니!"

아널드는 래트니를 보자 헉하고 숨을 들이켰어요. 아널드의 머릿속  에는 늘 온갖 걱정이 가득했어요. 그런데 이제 걱정거리가 하나 더 늘었어요. 쥐라니요!

"래트니? 그럼 진짜 쥐란 말이야?"

아널드가 물었어요.

"그런 것 같네. 카를로스도 참 못 말린다니까."

키샤가 웃으며 대답했어요.

카를로스가 폭신한 천에서 래트니를 꺼내 들었어요.

"얘들아, 우리 반에서 키울 새 반려동물을 소개할게. 래트니야!"

2장
교실에 온 깜찍한 손님

 아이들은 눈앞에서 쥐를 보고 있으면서도 믿을 수가 없었어요. 교실에서 키우는 반려동물이라면 대개 작은 곤충이나 올챙이, 햄스터를 떠올렸으니까요. 아니면 리즈처럼 재미있는 도마뱀도 있었지요. 그런데 쥐라니요?

 "카를로스, 교장 선생님께서 허락하셨어?"

 도로시 앤이 카를로스에게 물었어요.

 "아직. 하지만 멋진 연설문을 준비했어. 연설을 들으

면 교장 선생님도 결코 반대하실 수 없을 거야."

카를로스가 말했어요.

그때 랠프가 좋은 아이디어를 떠올렸어요.

"카를로스, 나를 교장 선생님이라고 생각하고 쥐를 키울 수 있게 해 달라고 설득해 봐."

그러자 카를로스가 래트니를 얼굴 앞에 바짝 가져다 대면서 말했어요.

"교장 선생님, 제가 먼저 말씀드리고 싶은 것은…….

에, 에, 에취!"

 래트니가 눈을 깜빡였어요. 카를로스는 다시 에취 하며 재채기를 했어요. 이어서 또, 그리고 또요!

"이러다가 우리 모두 병에 걸리겠어!"

 아널드가 소리치더니, 사물함에서 담요를 꺼내 뒤집어썼어요.

 "몸을 가려야 해!"

걱정이 가득한 건 아널드뿐만이 아니었어요. 카를로스는 래트니가 걱정되었어요.

"내가……. 에취! 내가 아프면 래트니를 위해 연설할 수가 없는데……. 에이이취!"

도로시 앤이 카를로스에게 휴지 갑을 내밀었어요. 카를로스는 휴지를 뽑아 흥 하고 코를 세게 풀었어요.

"지금 네 상태로는 힘들 거야. 교장 선생님한테 병을

옮길 수도 있잖아. 그러면 래트니 키우는 것을 좋아하지 않으실 거야."

팀이 말했어요.

"맞아, 일단 감기부터 다 나은 후에 말씀드려."

조티가 맞장구쳤어요.

카를로스는 고개를 저었어요. 재채기가 멎을 때까지 기다릴 수가 없었어요. 래트니를 키우도록 허락을 받아야 하니까요!

"꼭 오늘 안에 말씀드려야 해. 안 그러면 래트니를 보내야……. 에취!"

"오늘 안에 허락을 못 받으면 래트니를 동물 보호소에 보내야 한대."

완다가 카를로스 대신 설명해 주었어요.

카를로스의 재채기 소리가 교실에 울려 퍼졌어요. 바로 그때 다른 소리도 들렸어요. 그 소리는 점점 더 커졌어요. 그러더니 갑자기 우주복에 헬멧을 쓴 정체불명의 수상한 사람이 교실로 들어왔어요.

수상한 사람이 헬멧을 벗자 얼굴이 드러났어요. 바로 프리즐 선생님이었지요!

"프리즐 선생님, 왜 그렇게 입으셨어요?"

키샤가 물었어요.

"오늘 과학 수업에 딱 맞는 옷이랍니다. 오늘 떠날

곳은 멋쟁이 차림과는 어울리지 않거든요."

프리즐 선생님이 대답했어요.

"으으, 또 현장 학습이군."

아널드가 계속 담요로 몸을 감싼 채 구시렁거렸어요.

"맞아, 아널드. 카를로스의 몸속에서 무슨 일이 일어나 이렇게 재채기를 하는 건지 알아보러 갈 거야."

프리즐 선생님이 설명했어요.

"알겠다! 카를로스, 우린 네 콧속으로 들어갈 거야!"
완다가 말했어요.
"우리가 **바이러스**와 싸우는 네 **면역계**를 도와서 감기를 낫게 해 줄게. 그러면 교장 선생님께 가서 래트니 이야기를 할 수 있을 거야."
팀이 말했어요.
"여러분, 버스로 가요!"
프리즐 선생님이 외쳤어요.

"카를로스, 틈틈이 상황을 알려 줄게."

프리즐 선생님이 카를로스에게 약속했어요.

선생님은 카를로스의 몸속을 들여다보기 위해 생체 스캐너로 몸을 찍었어요. 그런 뒤 카를로스의 몸속 정보가 담긴 화면을 칠판에 띄웠어요.

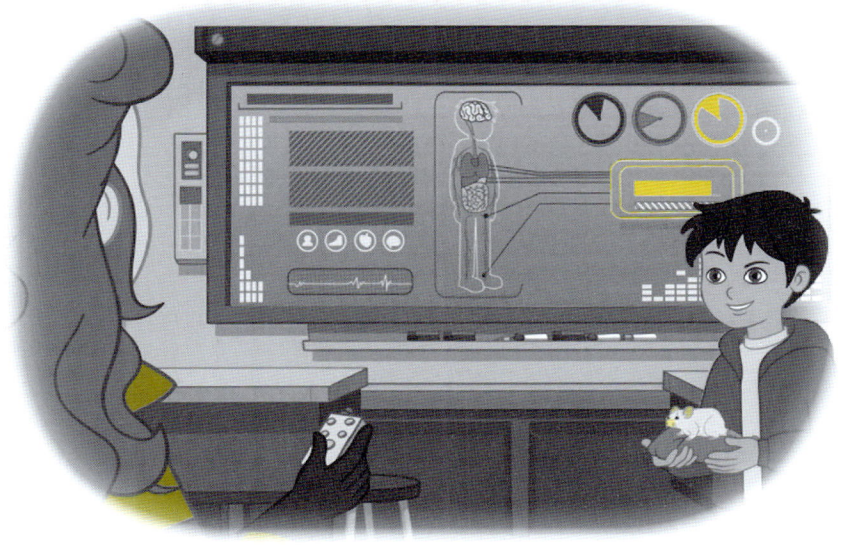

카를로스는 자기 몸속 정보를 처음으로 보았어요.

"우아, 제 몸속이 이렇다고요?"

"그래, 맞아."

프리즐 선생님은 이렇게 말하고 나서 교실의 반려동물인 도마뱀 리즈를 바라보았어요.

"리즈, 넌 휴지 담당이야. 카를로스가 편하게 재채기 할 수 있게 도와주렴."

리즈는 경례를 한 뒤 카를로스에게 휴지를 건넸어요. 카를로스가 코를 푸는 동안 프리즐 선생님은 주차장에 있는 신기한 스쿨버스로 걸음을 옮겼어요.

3장
축축하고 끈적한 콧속 탐험

　피오나 프리즐 선생님의 신기한 스쿨버스는 원래 언니인 발레리 프리즐 교수님이 몰던 것이었어요. 신기한 스쿨버스는 프리즐 선생님이 과학 수업을 할 때 필요한 어떤 것으로든 변신할 수 있었어요. 이번에는 카를로스의 면역계를 알아볼 시간이었지요.
　"모두 신기한 면역 특급 버스에 타요!"
　프리즐 선생님이 외쳤어요. 아이들이 모두 신기한

스쿨버스에 오르자 버스 문이 탕 닫혔어요.

휘리릭! 신기한 스쿨버스가 빠르게 돌면서 줄어들기 시작하자, 아이들은 좌석 손잡이를 꽉 잡았어요. 버스는 계속 줄어들다가 이윽고 교실 창문 틈새로 들어갈 수 있을 만큼 작아졌어요.

"카를로스, 버스가 곧 도착할 거야. 우리가 네 콧구멍에 들어갈 수 있게 준비하렴!"

프리즐 선생님이 마이크로 카를로스에게 말했어요.

카를로스는 폭신한 천에 앉아 있는 래트니를 향해 말했어요.

"래트니, 다 널 위해 하는 거야. 고맙지?"

래트니가 털을 긁었어요. 카를로스는 또 한 번 크게 재채기를 한 뒤, 버스가 코에 들어올 것에 대비했어요.

"좋아, 발가락을 지나서……."

프리즐 선생님이 말했어요.

모기만큼 작아진 신기한 스쿨버스가 카를로스의 발목 주위를 뱅뱅 돌았어요.

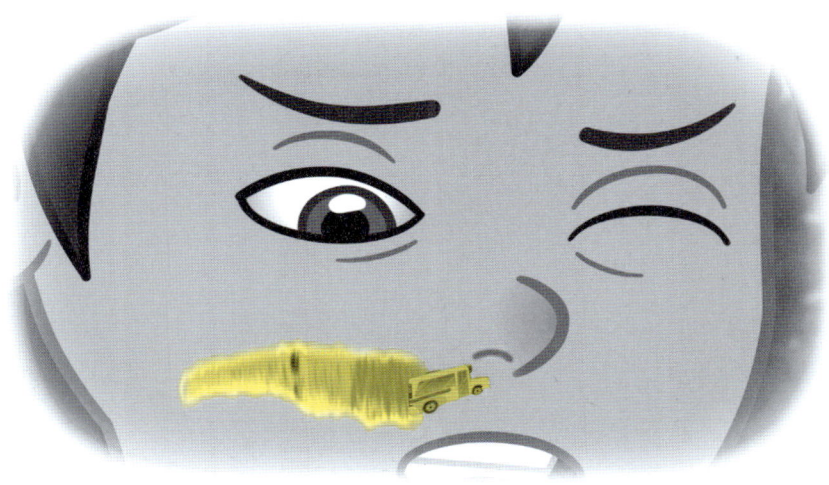

"이제 곧장 코로 올라가요!"

마침내 신기한 스쿨버스는 카를로스의 콧구멍으로 쏙 들어갔어요. 아이들은 창문으로 끈적끈적한 콧물 덩어리와 코털로 가득한 세계를 지켜보았어요.
"웩, 끈적이다!"
랠프가 소리쳤어요.
"저게 다 뭐야?"
완다가 물었어요.

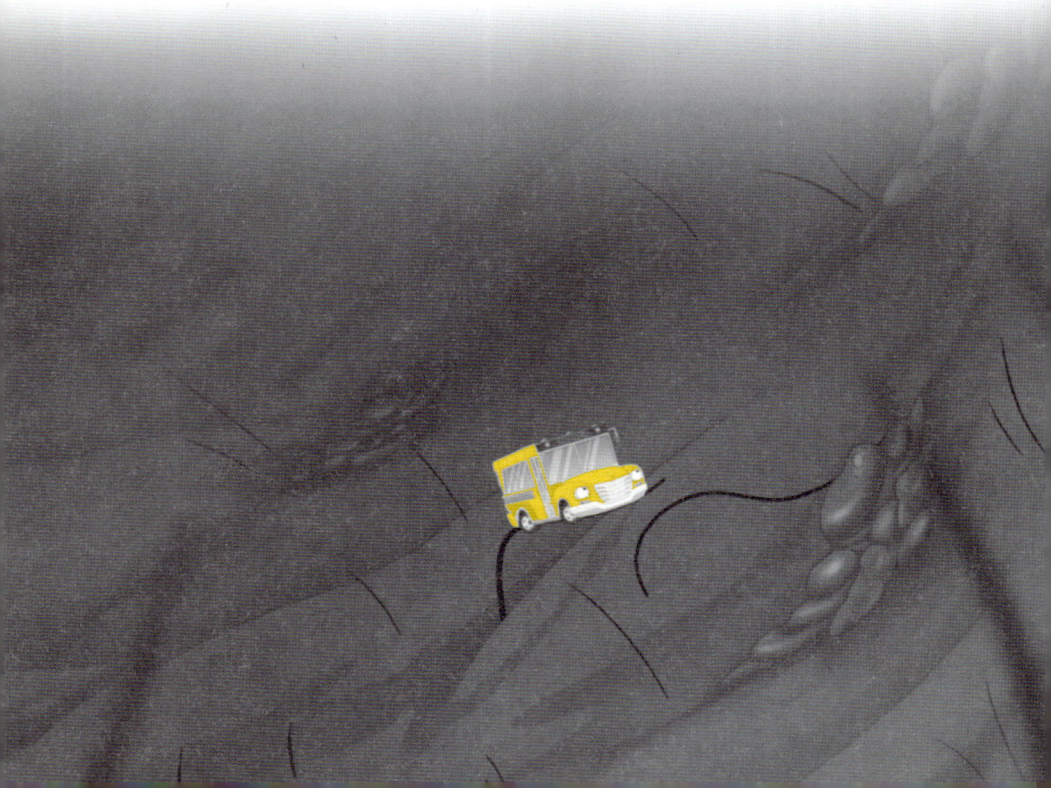

"여러분, 편히 앉아서 느긋하게 구경해요."

프리즐 선생님이 아이들에게 말했어요.

"왼쪽에 보이는 건 카를로스의 코털이에요. 코로 들어오는 세균과 바이러스, 먼지, 버스 같은 이물질을 걸러 주는 첫 번째 방어벽이지요."

그때 무언가 갈리는 듯한 커다란 소음이 들렸어요. 스쿨버스 바퀴가 돌아가는 소리였는데, 버스는 움직이지 않고 자리에 멈춰 있었어요.

"버스가 코털에 걸렸나 봐!"

아널드가 소리쳤어요.

그때 신기한 스쿨버스 컴퓨터 화면에 걱정스러운 얼굴이 나타났어요. 카를로스였지요.

"프리즐 선생님, 저 또 재채기가 나오려고 해요."

카를로스의 말에도 프리즐 선생님은 전혀 걱정하지 않았어요. 엄청난 재채기야말로 지금 상황에 딱 필요

한 것일 수 있었으니까요.

"여러분, 안전띠 꼭 매요!"

프리즐 선생님이 외쳤어요.

"에이이취이이!"

카를로스가 재채기를 했어요. 지금까지 한 재채기 중에 가장 컸어요. 코털에 걸려 있던 신기한 스쿨버스가 휙 떨어져 나갈 만큼요!

충격을 받은 신기한 스쿨버스는 데굴데굴 굴렀어요. 아이들은 튕겨 나가지 않으려고 좌석 손잡이를 꽉 잡았어요.

"으악! 무슨 일이 일어난 거죠?"

완다가 물었어요.

"콧속으로 들어온 이물질을 빼내기 위해 일어나는 현상이랍니다. 우린 지금 휩쓸려 나가고 있는 거예요!"

'휩쓸려 나간다고?'

프리즐 선생님의 대답은 완다가 듣고 싶은 말이 아니었어요.

"이대로 나가면 안 돼요! 카를로스를 도와야죠!"

완다가 소리쳤어요.

"물론 그래야지."

프리즐 선생님은 빙긋 웃으며 계기판의 스위치를 올

렸어요. 그러자 신기한 스쿨버스 지붕에서 집게발 같은 장치가 튀어나왔어요. 집게발 장치는 코털을 잡았어요. 그리고 새총 고무줄처럼 쭉 늘어났다가 탁 하고 튕겨져 나갔어요.

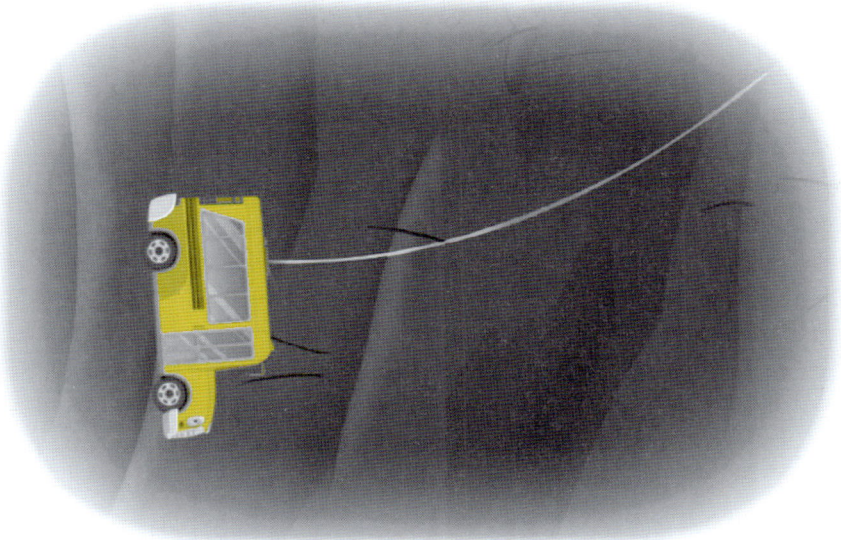

"으아아아아아!"

아이들은 비명을 질렀어요. 신기한 스쿨버스는 카를로스의 코를 지나 컴컴한 어둠 속으로 들어갔어요.

4장
몸속 바이러스를 찾아라!

"프리즐 선생님, 여긴 어디죠?"

팀이 물었어요. 신기한 스쿨버스 바깥에는 다양한 모양과 크기의 세포들이 떠다니고 있었어요.

"우린 지금 카를로스의 **혈액**에 들어와 있단다. 창밖에 있는 것들은 백혈구, 적혈구, 혈소판 같은 혈액 세포들이지."

프리즐 선생님이 대답하며 운전석에서 몸을 돌려 아

이들을 보았어요.

"여러분, 감기 바이러스를 한번 찾아보세요. 우리 몸을 아프게 만드는 원인이에요."

"어떻게 생겼는지 알아야 찾을 수 있지 않을까요?"

완다가 말했어요.

늘 그렇듯 도로시 앤은 손가락 끝에 답을 가지고 있었어요. 도로시 앤은 태블릿으로 검색하며 설명했어요.

"내가 조사한 바에 따르면, 감기를 일으키는 바이러스는 200가지가 넘어!"

도로시 앤은 태블릿 화면에 가장 흔한 바이러스를 띄워 아이들에게 보여 주었어요. 자주색 덩어리에 털처럼 보이는 것들이 삐죽삐죽 솟은 모양이었지요.

"이 바이러스는 오늘 머리 감을 시간이 없었나 봐."

랠프가 농담했어요.

"백혈구한테 들키면 더 엉망진창이 될걸?"

프리즐 선생님이 말했어요.

창밖을 내다본 아이들은 프리즐 선생님이 한 말이 무슨 뜻인지 알아차렸어요. 백혈구들이 잔뜩 몰려와서 신기한 스쿨버스를 에워싸고 있었거든요!

"백혈구라면, 저런 거요?"

팀이 물었어요.

신기한 스쿨버스를 둘러싸고 있는 혈액 세포는 표면에 여러 덩어리가 돋아나 있는 모습이었어요. 촉수처럼 뻗어져 나온 수용체를 버스에 갖다 대고 있었지요.

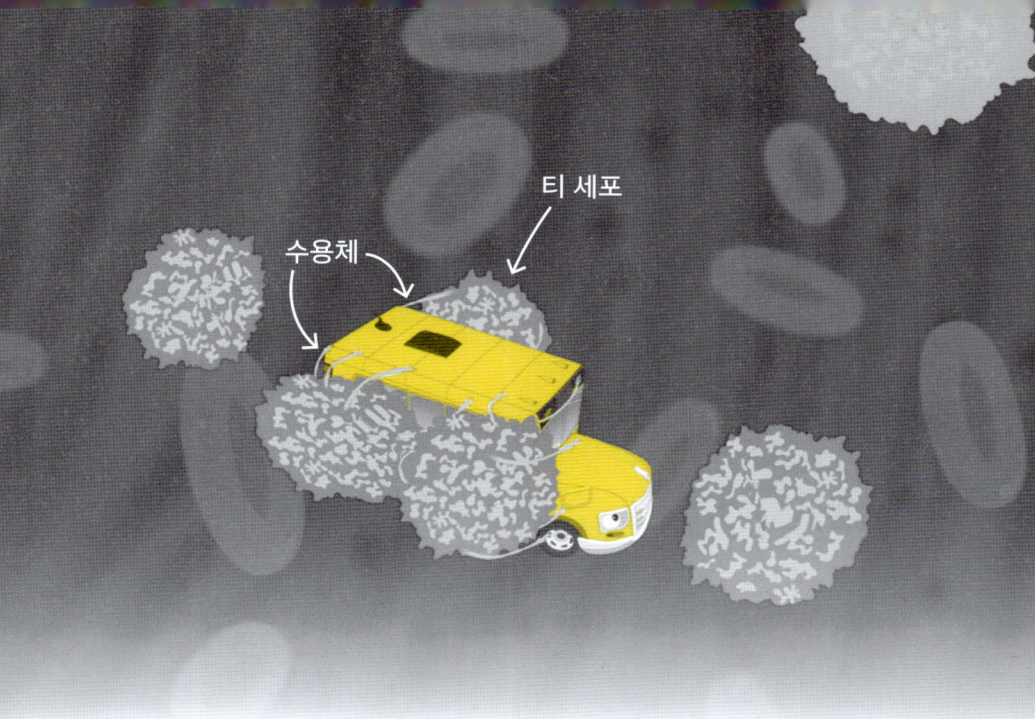

"이크, 쟤들은 다 뭐죠?"

키샤가 헉하며 숨을 들이켰어요.

"백혈구의 한 종류인 티(T) 세포란다. **백혈구**는 몸속으로 들어온 세균이나 바이러스, 이물질과 싸워 우리 몸을 보호하는 여러 세포들이야. 이 중 **티 세포**는 침입자를 추적하고 파괴하는 일을 하지."

"우릴 침입자라고 생각하면 어쩌죠?"

아널드가 침을 꿀꺽 삼켰어요.

"어떻게 생각하는지 곧 알게 될 것 같은데?"

랠프의 말이 떨어지자마자 수많은 티 세포들이 신기한 스쿨버스에 달라붙었어요.

"으악, 우릴 공격하고 있어!"

랠프가 소리쳤어요.

티 세포의 공격에 신기한 스쿨버스가 홱 뒤집히자 아이들은 비명을 질렀어요.

"으아아아악!"

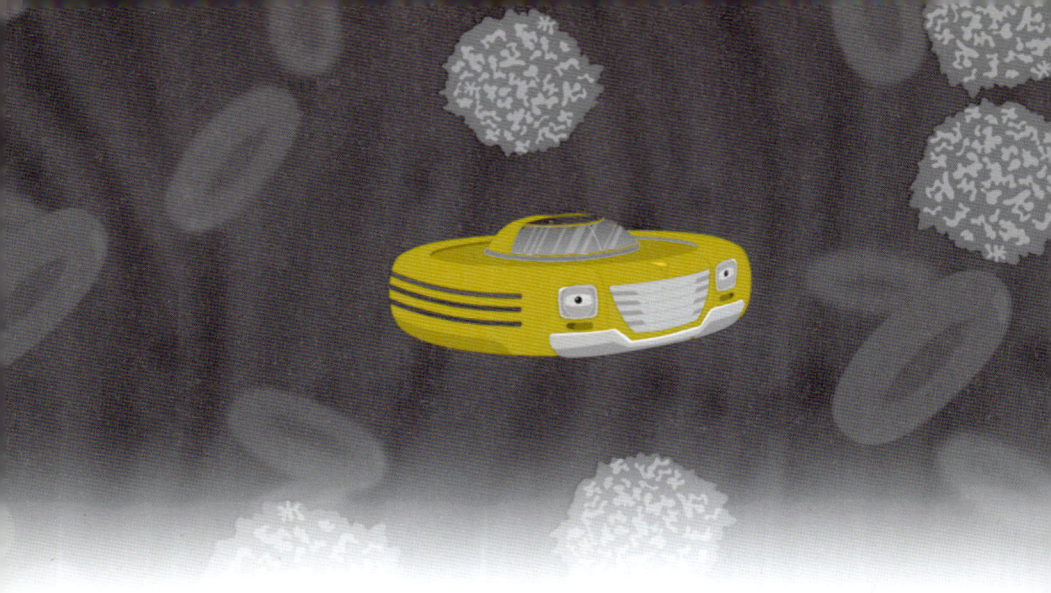

5장
소중한 새 친구를 위해서

"으아아아아!"

아이들은 신기한 스쿨버스 앞쪽으로 우당탕 미끄러지며 소리를 질러 댔어요.

랠프는 미끄러지다가 계기판에 부딪혀 어떤 버튼을 눌렀어요. 그러자 신기한 스쿨버스는 둥글넓적한 원반 모양의 신기한 스쿨 세포로 변신했어요. 카를로스의 다른 혈액 세포들과 똑같아 보였지요. 그러자 마구 공격하던 티 세포들이 신기한 스쿨 세포에서 떨어져 다른 곳으로 갔어요.

"잘했어, 랠프. 세포 변신 버튼을 눌렀구나!"

프리즐 선생님이 말했어요.

"세포 변신 버튼이요?"

아이들이 물었어요.

"내가 지은 이름이야. 그럴싸하지 않니?"

프리즐 선생님이 농담했어요.

"이제 우리는 카를로스의 몸속 세포 중 하나로 보일 거야."

프리즐 선생님이 설명했어요.

"그럼 이제 카를로스의 면역계가 우리를 공격할까 봐 걱정할 필요 없는 거죠?"

랠프가 묻자 프리즐 선생님이 고개를 끄덕였어요.

"그리고 이건 카를로스의 면역계가 정상적으로 작동하고 있다는 뜻이기도 해."

카를로스에게는 아주 좋은 소식이었어요. 하지만 도로시 앤은 뭔가 이상하다는 생각이 들었어요.

"하지만 감기 바이러스는 하나도 못 찾았는걸요."

도로시 앤이 말했어요.

"그럼 전 감기에 걸린 게 아닌 건가요?"

교실에서 화면으로 이 모습을 지켜보고 있던 카를로스가 물었어요.

"감기는 아닌 것 같구나."

프리즐 선생님이 말했어요.

"카를로스, 네 모든 신체 기능은 정상이야. 체온 정상, 혈압도 정상!"

도로시 앤이 카를로스의 몸속 정보를 살펴보면서 말했어요.

좋은 소식을 듣자 카를로스는 환히 웃었어요. 모든

신체 기능이 정상이라는 건, 래트니에게도 좋은 소식이었으니까요!

"정말 다행이야! 그럼 교장 선생님에게 감기를 옮길 리 없으니까 지금 가서 래트니 얘기를 할게."

카를로스가 말했어요. 그리고 래트니의 우리를 집어 들었어요.

"래트니, 가자! 환하게 웃는 거 잊지 말고!"

카를로스는 신이 나서 교장실로 향했어요. 준비한

연설을 계속 연습하면서요.

"교장 선생님, 보시다시피 래트니는 정말 멋진 쥐예요. 보세요, 이렇게 귀엽잖아요!"

교장실 앞에는 비서가 앉아 있었어요. 비서의 허락을 받아야 교장실로 들어갈 수 있었지요.

"카를로스, 교장 선생님이 들어오라고 하셔."

"네!"

비서의 말에 카를로스가 대답했어요.

그런데 교장실로 향하던 카를로스의 코가 다시 간질거리기 시작했어요. 그다음에는…….

"에이취이이이!"

카를로스가 계속 재채기를 하는 바람에, 손에 든 래트니의 우리가 덜컹덜컹 흔들렸어요.

"카를로스, 너 괜찮니?"

비서가 물었어요. 카를로스는 대답하려 했지만 계속

재채기만 나올 뿐이었어요.

"에취! 에취! 에이취이이이!"

"음, 카를로스. 아무래도 몸이 다 나은 후에 다시 오는 게 좋겠구나."

'이런!'

카를로스는 교장 선생님에게 래트니 얘길 꺼내 보지도 못한 채 이대로 나갈 수 없었어요.

"안 돼요. 정말 중요한 일이에요. 꼭 오늘……. 에, 에, 에취!"

비서가 카를로스에게 코를 풀 휴지를 건넸어요.

"그럼 다음에 보자꾸나."

하지만 카를로스에게 휴지보다 더 필요한 건 교장 선생님을 만나는 일이었어요.

"제발요! 전 교장 선생님을……. 에취! 에이취이이!"

결국 아주 큰 재채기와 함께 카를로스와 래트니는 복도로 나와야 했어요. 정말 운이 없었어요.

6장
코딱지 길에서의 한판 승부

"너희들은 내가 감기에 걸린 게 아니라고 했잖아."

교실로 돌아온 카를로스는 화면을 보며 친구들에게 말했어요.

"그런데 왜 이렇게 계속 눈물이 나……. 에취! 자꾸 재채기가 나오는 거지?"

아이들은 신기한 스쿨 세포의 창밖을 내다보았어요. 카를로스의 세포들이 낯선 알갱이들을 공격하고 있었어요. 신기한 스쿨 세포는 그 한가운데에 있었지요.

"우리도 아직 잘 몰라. 그런데 네 면역계가 또다시 침입자의 공격을 받고 있어."

완다가 말했어요.

"또 시작이야?"

아널드가 앓는 소리를 냈어요.

"저 알갱이들은 뭐지? 카를로스의 백혈구가 왜 알갱이들을 공격하고 있는 거야?"

완다가 물었어요.

도로시 앤은 태블릿을 만지작대며 한숨을 쉬었어요.

"모르겠어. 감기 바이러스들을 전부 찾아봤는데, 저 침입자 알갱이와 똑같은 건 없었어."

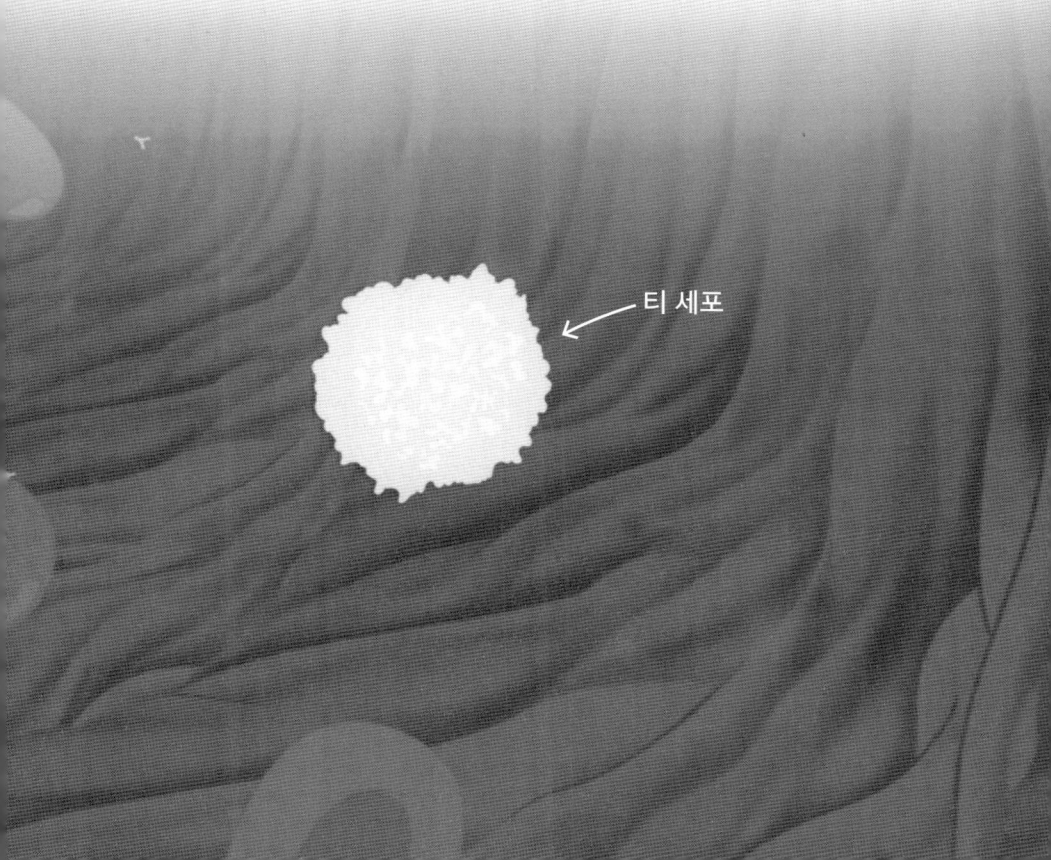

← 티 세포

그때 신기한 스쿨 세포가 갑자기 휙 움직였어요.
"애들아, 꽉 잡아! 버스가 다시 움직이고 있어!"
조티가 소리쳤어요.

신기한 스쿨 세포는 좁은 터널로 휩쓸려 갔어요. 가늘고 기다란 실 모양의 섬유가 그물처럼 얼기설기 뻗어 있고, 액체로 가득 찬 곳이었지요.

"여러분, 여긴 카를로스의 콧속 **점막**이에요. 콧구멍에 있는 끈적거리는 막이죠. 전 이곳을 '코딱지 길'이라고 부른답니다."

프리즐 선생님이 말했어요.

"글쎄, '우웩 길'이라고 불러야 할 것 같은데······."

아널드가 중얼거렸어요.

침입자 알갱이들이 세포와 부딪쳤어요. 그러자 카를로스의 세포가 왈칵 벌어지면서 안에 있던 무언가를 뿜어내기 시작했어요.

"저게 뭐지?"

팀이 물었어요.

"내 조사에 따르면, 지금 세포가 뿜어내고 있는 건 '히스타민'이야."

도로시 앤이 태블릿으로 검색하면서 말했어요.

"히스타민? 그게 뭔데?"

랠프가 물었어요.

"**히스타민**은 몸속 침입자를 밖으로 내보내려고 재채기를 일으킨대."

도로시 앤이 설명했어요.

바로 그때, 티 세포가 침입자 알갱이를 카를로스의 혈액으로 끌고 가기 시작했어요.

"여러분, 저길 봐요. 티 세포가 침입자를 물리치고 있군요. 유후우!"

프리즐 선생님이 말했어요.

"코털과 코딱지로 가득한 카를로스의 면역계가 이기고 있어!"

랩프가 외쳤어요.

"아직 안심하긴 일러."

완다가 대꾸하며 왈칵 밀려들어 오는 창밖의 침입자 알갱이들을 가리켰어요.

"저길 봐! 침입자들이 돌아오고 있어. 면역계가 처리

하기엔 악당이 너무 많아!"

코딱지 길은 곧 여기저기로 움직이는 침입자 알갱이들로 뒤덮였어요. 아이들은 침입자가 이기도록 두고 볼 수 없었어요.

"지금이야말로 우리가 나설 때야. 카를로스를 돕기로 약속했잖아!"

조티가 말했어요.

"좋아! 근데 어떻게?"

키샤가 물었어요.

아이들은 백혈구 세포에서 떨어져 나온 입자들이 침입자 알갱이를 공격하는 모습을 지켜보았어요. 그 입자는 집게처럼 보였어요.

"도로시 앤, 저게 뭐야?"

"내 조사에 따르면, 저건 **항체**야. 세균, 바이러스 같은 침입자를 공격하려고 면역계가 만든 물질이지."

도로시 앤이 설명했어요.

"와, 저 항체는 정말 놀라운 무기를 갖고 있어!"

키샤가 외쳤어요.

"면역계는 침입자 알갱이에 달린 저 표지를 보고서 누가 나쁜 녀석인지 구별할 수 있는 것 같아."

팀이 말했어요.

아이들은 항체의 무기와 침입자 알갱이 표면에 나 있는 돌기 같은 표지가 퍼즐처럼 딱 들어맞게 엉키는 모습을 지켜보았어요.

"저게 바로 항체가 침입자를 붙잡는 방법이야!"

도로시 앤이 외쳤어요.

"카를로스의 티 세포들이 침입자를 붙잡아 없앨 수 있게 도와주자!"

조티가 말했어요.

"좋아! 그런데 어떻게 침입자 알갱이들을 붙잡지? 그냥 손으로 잡을 수는 없을 것 같아."

완다가 물었어요.

"내가 침입자 알갱이를 잡을 도구를 만들어 볼게. 그러려면 저 알갱이를 자세히 살펴봐야 해."

조티가 대답했어요.

"저 녀석들이 너무 빨리 움직여서 관찰하기가 어려워."

키샤가 말했어요.

"그래. 방법은 하나뿐이야. 자세히 살펴보려면……."

조티가 말하려 하자 완다가 대신 외쳤어요.

"직접 잡아 와야 해!"

7장
우린 침입자가 아니야!

키샤, 완다, 조티는 잠수복을 입었어요. 잠수복에는 침입자 알갱이들처럼 빨리 움직일 수 있도록 제트팩이 달려 있었어요.

프리즐 선생님은 세 아이들에게 침입자 알갱이를 담을 원뿔 모양의 병을 건넸어요.

"얘들아, 사냥 잘하고 오렴."

프리즐 선생님이 손잡이를 잡아당기자, 신기한 스쿨

세포의 바닥이 열렸어요. 아이들은 아래로 떨어져 끈적한 **점액** 덩어리에 찰싹 내려앉았어요.

"으으으으!"

아이들의 입에서 똑같은 소리가 터져 나왔어요.

아이들은 잠수복의 제트팩을 작동시켜서 끈적거리는 점액 덩어리에서 빠져나왔어요.

조티는 둥둥 떠다니는 수많은 침입자 알갱이를 훑어보며 말했어요.

"애들아, 병 준비해. 저 녀석들을 잡으러 가자!"

"각자 흩어져서 찾아보자. 그러면 더 빨리 잡을 수 있을 거야."

키샤가 제안했어요. 그리고 조티, 완다와 다른 방향으로 헤엄쳐 갔어요.

한편, 랠프는 창밖으로 친구들을 지켜보았어요. 그러다가 헉하고 숨을 삼켰어요.

"카를로스의 면역계가 쟤들을 침입자라고 생각하면 어쩌지?"

그 순간 갑자기 티 세포 무리가 조티와 완다를 향해 몰려가더니, 아이들을 에워싸기 시작했어요.

"으악, 티 세포가 우릴 공격하고 있어!"

조티가 소리쳤어요.

"우릴 나쁜 침입자라고 생각하나 봐!"

완다가 외쳤어요.

　바로 그때 완다의 허리띠에 달린 버튼이 깜빡거리기 시작했어요. 신기한 스쿨버스에 있는 세포 변신 버튼과 똑같은 모양이었지요.
　"조티, 허리띠에 있는 세포 변신 버튼을 눌러!"
　완다가 소리쳤어요.
　버튼을 누르자 완다와 조티의 잠수복이 카를로스의 세포처럼 변신했어요.

"좋았어!"

조티가 환호성을 질렀어요.

아이들이 카를로스의 세포와 똑같은 모습으로 변하자, 티 세포들은 흩어져서 다른 곳으로 떠났어요.

"그런데 키샤는 어디 있지?"

완다가 물었어요.

그때, 멀리서 키샤의 목소리가 들렸어요.

"이리 와, 이 침입자 알갱이들아!"

키샤는 섬유 사이를 헤치고 나아가 알갱이들을 바짝 뒤쫓았어요.

"잡았다!"

키샤가 환호성을 질렀어요.

키샤는 침입자 알갱이 하나를 병에 담았어요. 그런

데 뚜껑을 닫으려는 순간, 알갱이가 가볍게 나풀거리면서 병 밖으로 빠져나갔어요.

"이런, 놓쳐 버렸네."

키샤는 한숨을 쉬었어요. 하지만 바로 알갱이를 뒤쫓아서 병을 휘둘러 안에 넣은 뒤, 재빨리 뚜껑을 닫았지요.

바로 그때 티 세포가 키샤를 발견했어요! 티 세포는

키샤를 붙잡아 카를로스의 코를 향해 끌고 갔어요.

"아아악!"

키샤가 비명을 질렀어요.

8장
멈추지 않는 재채기의 비밀

조티와 완다는 키샤의 비명 소리를 들었어요. 두 아이들은 끈적이는 점액을 헤치고 나아갔어요. 그리고 티세포에 달라붙어 있는 키샤를 발견했어요.

"키샤, 괜찮아?"

완다가 물었어요.

"아직까지는!"

키샤가 대답했어요.

완다는 키샤의 다리를 잡고, 조티는 그런 완다의 다리를 잡았어요. 그때, 콧속에서 태풍같이 거센 바람이 불었어요. 콧속에 있던 끈끈한 점액이 콧구멍 밖으로 휩쓸려 나갔지요. 아이들은 휩쓸려 가지 않으려고 코털을 꽉 잡고 간신히 매달려 있었어요.

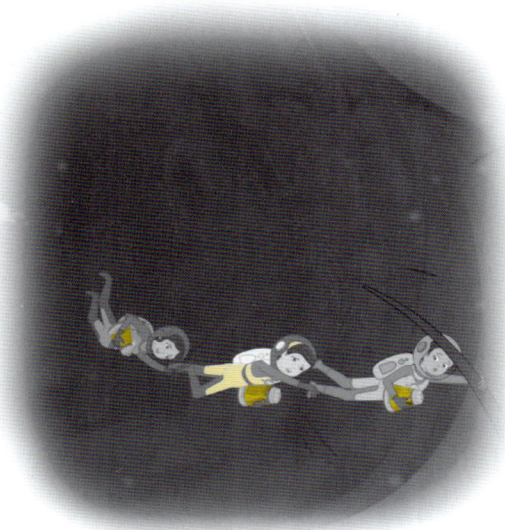

"카를로스가 재채기를 했나 봐!"

조티가 외쳤어요.

"큰일 날 뻔했네."

키샤는 헬멧에 잔뜩 묻어 있는 끈끈한 점액을 보면서 한숨 돌렸어요.

"키샤, 그래도 네가 침입자 알갱이를 잡았어!"

조티가 외쳤어요.

"이제 그만 여기서 나가자."

키샤가 말했어요.

아이들은 프리즐 선생님과 친구들이 있는 신기한 스쿨 세포로 돌아갔어요. 그리고 침입자 알갱이를 관찰하기 위해 병을 받침대 위에 올려놓았어요.

"잘했어, 얘들아! 이제 이게 뭔지 알아보자."

팀이 말했어요.

도로시 앤은 태블릿으로 바이러스 사진들을 죽 훑어보며 비교하다가 고개를 저었어요.

"내 연구 자료에 있는 바이러스 중에는 이 알갱이와 일치하는 게 없어. 감기 바이러스도, 독감 바이러스도 아니야."

"카를로스가 아픈 게 아니라면, 왜 계속 재채기를 하는 거야?"

팀이 물었어요.

"나도 안 아픈데 눈물이 나고 재채기를 한 적 있어. 의사 선생님이 알레르기 때문이라고 했어."

아널드가 대답했어요.

"바로 그거야! 좋아, 아널드!"

랠프가 외쳤어요.

도로시 앤은 태블릿으로 알레르기에 대한 정보를 찾아보았어요.

"내 조사에 따르면, **알레르기**란 면역계가 외부 물질에 지나치게 과민 반응해서 나타나는 현상이야. 알레르기 반응을 일으키는 외부 물질을 **알레르기 항원**이라고 하지."

도로시 앤이 설명했어요.

"이 침입자 알갱이가 바로 알레르기 항원이었어. 카를로스의 면역계는 알레르기 항원을 없애려고 한 거야!"

키샤가 말했어요.

"아널드, 의사 선생님이 알레르기가 생기면 어떻게 하라고 했어?"

완다가 물었어요.

"음, 알레르기를 일으키는 물질을 멀리해야 한대. 그러면 재채기도 멎고 눈물도 안 나."

아널드가 대답했어요.

완다는 이 소식을 카를로스에게 빨리 알려 주고 싶었어요. 그래서 신기한 스쿨 세포에 있는 마이크를 잡고 외쳤어요.

"카를로스, 듣고 있어?"

카를로스는 교실에 앉아 있었어요. 주위에는 코 푼 휴지가 잔뜩 쌓여 있었어요. 래트니는 카를로스 무릎에 웅크리고 있었지요.

"응. 왜?"

카를로스가 코를 훌쩍이며 물었어요.

"넌 아픈 게 아니었어. 재채기는 알레르기 때문이야. 알레르기를 일으킨 게 뭔지 알아내야 해!"

완다가 상황을 설명했어요.

"그걸 어떻게 알아내지?"

카를로스가 물었어요.

"너, 어제는 괜찮았잖아. 그러니까 어제랑 비교해서 달라진 게 뭔지 생각해 봐. 알았지?"

완다가 말했어요.

"알겠어!"

카를로스가 대답했어요.

하지만 카를로스가 계속 콧물을 흘리는 동안 카를로스의 면역계는 지치고 있었어요. 세포들이 정신없이 싸웠지만 알레르기 항원이 이기고 있었지요.

"카를로스는 아직 우리 도움이 필요해!"

키샤가 외쳤어요.

9장
쏙쏙 다 잡아 집게의 위력

카를로스의 몸에서는 알레르기 항원이 계속 불어나고 있었어요. 아이들은 카를로스를 도울 방법을 찾아야 했어요. 조티와 팀은 신기한 스쿨 세포에 있는 스리디(3D) 프린터를 작동시켰어요.

"이제 프린터에서 알레르기 항원만 골라 잡는 '쏙쏙 다 잡아 집게'가 나올 거야. 내가 설계도를 만들어 넣었거든. 카를로스의 면역계를 도와줄 완벽한 도구지."

조티가 말했어요.

아이들은 알레르기 항원의 모습을 컴퓨터 화면에 띄우고 살펴보았어요. 잠시 뒤 알레르기 항원 표지가 깜빡거리다가 꺼졌어요.

"표지를 확인했습니다. 알레르기 항원 표지와 집게의 결합 부위가 완벽하게 일치합니다."

컴퓨터에서 기계 목소리가 흘러나왔어요.

조티는 스리디 프린터를 열어 집게를 꺼냈어요. 집

게의 끝부분이 알레르기 항원과 딱 들어맞았지요!

"계획은 이래. 이 집게로 알레르기 항원을 잡아서 없애 버리는 거야!"

조티가 말했어요.

"좋아, 알레르기 항원 포획 작전이야!"

랠프가 말하자, 아이들이 한목소리로 외쳤어요.

"카를로스를 위해!"

아이들은 잠수복을 입고 신기한 스쿨 세포 밖으로 나왔어요. 그리고 나서 세포 변신 버튼을 눌러 카를로스의 세포와 똑같은 모습으로 변신했지요. 아이들은 쏙쏙 다 잡아 집게로 알레르기 항원을 잡아 자루에 집어넣었어요.

그런데 갑자기 엄청나게 많은 알레르기 항원들이 아이들을 향해 쏟아져 들어왔어요!

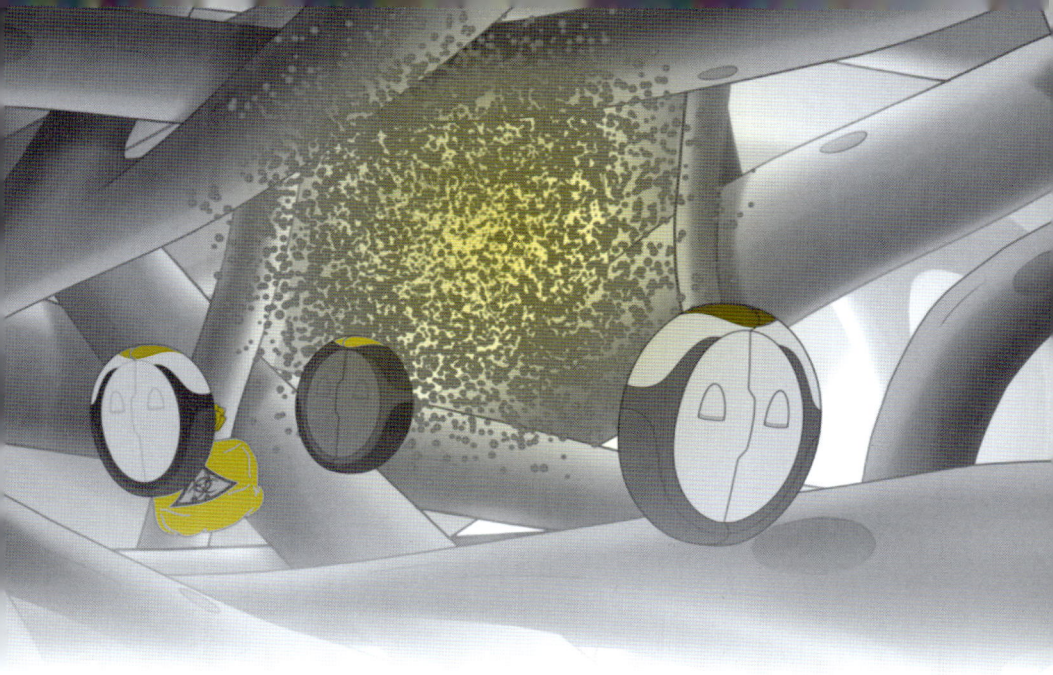

"조심해! 갑자기 이 녀석들이 엄청나게 늘어났어. 왜 이런 거지?"

팀이 물었어요.

"지금 원인을 따질 때가 아니야!"

조티가 소리쳤어요.

아이들은 서둘러 신기한 스쿨 세포로 몸을 피했어요. 그리고 창문 너머로 셀 수 없이 많은 알레르기 항원이 지나가는 것을 바라보았어요.

"대체 원인이 뭘까?"

키샤가 물었어요.

그때 완다의 머릿속에 문득 어떤 생각이 떠올랐어요. 완다는 카를로스를 불렀어요.

"카를로스, 너 지금 뭐 하고 있어?"

카를로스의 얼굴이 컴퓨터 화면에 나타났어요.

"간질간질 얍!"

카를로스가 웃으며 말했어요.

'간질간질 얍?'

아이들은 의아한 표정으로 서로를 쳐다보았지요.

"카를로스, 지금 뭘 하고 있든 당장 그만둬. 그게 알레르기를 일으키고 있어!"

완다가 말했어요.

"나 지금 아무것도 안 하고 있어. 그냥 래트니 배를 만지면서 간지럽히고 있었는데……."

카를로스는 말을 멈췄어요. 래트니를 어루만지던 손도 멈췄지요. 카를로스 코를 괴롭히던 재채기의 원인이 바로 코앞에 있었던 거예요!

"맙소사, 래트니가 알레르기를 일으키나 봐!"
카를로스가 소리쳤어요.

10장
알레르기 반응을 일으키는 것

아이들은 카를로스가 있는 교실로 돌아왔어요.

"카를로스, 많이 속상하지?"

완다가 위로했어요.

아이들은 카를로스의 면역계 탐험을 마쳤지만, 카를로스에게는 가장 힘든 시간이 시작된 거예요.

"너무 속상해."

카를로스가 래트니 우리 옆에 앉으며 말했어요.

"래트니를 다시 동물 보호소로 데려가야겠지?"

완다가 고개를 끄덕였어요.

"래트니는 알레르기가 없는 새 가족을 만나서 잘 지낼 수 있을 거야."

"나도 그게 최선이라고 생각해. 그래도 슬퍼."

카를로스가 한숨을 쉬며 말했어요.

완다와 카를로스는 함께 동물 보호소로 향했어요.

보호소 직원이 아이들을 맞이해 주었어요.

"래트니를 키울 수 없다니 안타깝구나. 우리가 래트니에게 다른 좋은 가족을 찾아 줄게."

동물 보호소 직원이 말했어요.

작별은 힘든 일이었어요. 하지만 학교로 돌아가는 동안 완다는 카를로스가 달라진 것을 알아차렸어요.

"있잖아, 카를로스. 너 래트니를 보낸 뒤로 재채기를

한 번도 안 한 거 알아?"

완다의 말에 카를로스가 고개를 끄덕였어요.

"맞아."

잠시 후 정원을 지날 때였어요. 완다가 걸음을 멈추었어요.

"아침에 래트니가 우리를 탈출했잖아. 바로 이 화단에서 찾았어."

완다는 꽃을 가리키며 말했어요.

바로 그때였어요. 카를로스가 코를 훌쩍이며 눈물이

고인 눈을 문질렀어요.

"래트니가 생각나서 그래? 울어도 괜찮아."

완다가 말했어요.

카를로스는 고개를 저었어요. 눈물이 그렁그렁했지만 우는 건 아니었거든요. 카를로스는 완다에게 설명하려고 했지만…….

"에, 에, 에이취이이!"

완다는 카를로스가 계속 재채기하는 모습을 물끄러미 바라보았어요. 그러다가 꽃을 쳐다보았어요. 이어서 꽃과 카를로스를 번갈아 쳐다보았지요.

"어쩌면……."

완다가 중얼거리더니 꽃을 꺾어서 카를로스의 코밑에 가져다 댔어요.

"카를로스, 꽃향기를 맡아 봐!"

완다가 말했어요.

"에, 에, 에취이이이!"

카를로스가 마구 재채기를 했어요. 그러자 완다는 웃음을 띠며 말했어요.

"카를로스, 넌 래트니 알레르기가 있는 게 아닌 것 같아."

"래트니가 아니면? 에취!"

카를로스가 재채기를 하면서 물었어요.

"그럼 뭐가 재채기를 일으키는 거야?"

"이 꽃에 있는 꽃가루가 알레르기를 일으키는 것일 수도 있어."

완다가 말했어요. 카를로스는 완다의 손에 쥐여 있는 꽃을 쳐다보았어요.

"그럼 래트니 털에 꽃가루가 묻어 있었다는 거야?"
카를로스가 묻자 완다가 대답했어요.

"확인할 방법이 하나 있지!"

11장
래트니의 새 보금자리

　완다와 카를로스는 꽃을 들고 교실로 갔어요. 도로시 앤은 현미경으로 꽃을 살펴보았어요.
　"어때? 뭐 알아낸 거 있어?"
　카를로스가 물었어요.
　"재촉하지 마. 네 면역계를 공격했던 알레르기 항원과 이 꽃의 꽃가루가 같은 것인지 확인해 봐야 해."
　도로시 앤이 대답했어요.

잠시 후, 꽃가루를 확대한 사진과 카를로스 면역계에서 잡아 온 알레르기 항원을 확대한 사진이 나란히 칠판 화면에 떴어요. 겉보기에는 똑같아 보였지요. 정말 그럴까요? 도로시 앤은 두 사진을 끌어모아 하나로 겹쳐 놓았어요.

"정확히 일치해!"

도로시 앤이 외쳤어요.

"와아!"

아이들이 환호성을 질렀어요.

카를로스에게 알레르기를 일으킨 원인이 래트니가 아니라는 건, 래트니가 프리즐 선생님 반의 반려동물이 될 수 있다는 뜻이니까요!

"교장 선생님께 허락을 받으면 될 거야. 그 전에 래트니 털에 꽃가루가 남아 있지 않게 깨끗이 씻기렴."

프리즐 선생님이 말했어요.

아이들은 이제 무엇을 해야 하는지 알고 있었어요. 먼저 동물 보호소로 달려가 래트니를 데려왔어요. 그러고 나서 래트니를 깨끗이 목욕시킨 뒤 뽀송뽀송하게 말렸어요. 교장 선생님을 만날 준비가 끝난 거예요!

"래트니, 나처럼 환하게 웃어 봐. 재채기 치즈으으!"
프리즐 선생님이 기념사진을 찍자 카를로스가 농담했어요.

깨끗이 씻고 잘 말린 덕분에 래트니는 완벽한 반려동물처럼 보였어요. 하지만 교장 선생님의 허락이 떨어지기 전까지 긴장을 늦출 수 없었지요.

"카를로스, 교장 선생님이 들어오라고 하셔."
비서가 말했어요.
카를로스는 교장실 쪽으로 갔어요. 두 손에 든 래트니 우리로 교장실 문을 밀면서 들어가려는 순간…….

"에취! 에이취!"

카를로스는 래트니 우리를 든 채로, 교장 선생님이 재채기를 하면서 코를 푸는 모습을 바라보았어요. 교장 선생님이 쥐 알레르기가 있을 줄 누가 알았겠어요?

"카를로스, 이제 어떻게 할 거니?"

비서가 물었어요.

카를로스는 빙긋 웃었어요. 앞으로 어떻게 해야 할지 알고 있었거든요.

"아무래도 래트니를 다른 곳으로 데려가야겠어요. 우리 집으로요!"

학교에서 집으로 가는 길에 카를로스는 정원을 지나쳤어요.

"아하, 너한테 더 좋은 집이 있었구나!"
카를로스가 래트니에게 말했어요.

"래트니, 재채기를 안 하는 친구들이 있는 이 아름다운 화단에서 지내는 게 더 좋겠지?"

프리즐 선생님 반 홈페이지 ✕

http://FrizzleClass/Focuskeyword

신기한 과학 개념 사전

현장 학습의 핵심 용어부터 과학 교과서 속 지식까지!
한눈에 쏙쏙 들어오는 설명으로 과학 개념을 잡아요.

면역계

몸속으로 들어오는 침입자에 맞서 싸우며, 병에 걸리지 않도록 스스로를 지키는 기관과 세포를 **면역계**라고 해요. 먼저 우리 몸은 눈물, 콧물, 침 등 끈끈한 **점액**이나 위와 기관지 등에 있는 **점막**을 통해 침입자가 몸속으로 들어오지 못하게 막아요. 침입자가 이 방어벽을 뚫고 들어오면 백혈구가 나서서 잡아먹지요.

면역계는 우리 몸을 지키는 경찰과도 같아!

백혈구

혈액은 몸속을 돌며 산소와 영양분을 공급하고, 노폐물이 몸 밖으로 배출될 수 있도록 도와요. 혈액 세포 중 우리 몸에 들어온 침입자를 찾아서 공격하는 여러 가지 면역 담당 세포들을 통틀어 **백혈구**라고 해요. **티(T) 세포**도 백혈구의 한 종류인데, 침입자를 파괴하는 일을 해요.

우리 몸은 매일 새로운 백혈구를 만들어서 수명이 다한 백혈구의 자리를 메워.

바이러스

세균은 하나의 세포로 이루어진 아주 작은 생물이에요. 죽은 동식물을 잘게 부수어 자연으로 되돌리는 이로운 역할도 하지만 병을 일으키기도 해요. 반면 **바이러스**는 세균과는 조금 달라요. 바이러스는 혼자서는 살 수 없어서 다른 생물의 세포를 이용해 자신과 같은 바이러스를 계속 만들어 내요. 어떤 바이러스는 면역계를 무너뜨리려 하지요.

항원, 항체

우리 몸속에 침입해 면역 반응을 일으키는 침입자를 **항원**이라고 해요. 세균, 바이러스 같은 것뿐만 아니라 먼지, 꽃가루 등도 항원이 될 수 있어요. 이렇게 외부에서 침입한 항원에 맞서 싸우기 위해 몸속에서 만들어지는 물질이 바로 **항체**예요. 항체가 항원에 달라붙으면 항원은 꼼짝하지 못해요. 이 결합을 **항체 항원 반응**이라고 해요. 또 백혈구는 자신이 없앤 항원이 어떤 것인지 기억해 둬요. 그 항원이 다시 침입하면, 재빨리 그 항원에 결합하는 항체를 만들지요. 그래서 더 빨리 없앨 수 있어요.

알레르기

알레르기란 외부 물질에 면역계가 비정상적으로 예민하게 반응하여 나타나는 여러 증상을 말해요. **히스타민**은 이러한 외부 물질이 우리 몸에 들어왔을 때 백혈구가 외부 물질에 더 많이 올 수 있도록 혈관을 넓혀 줘요. 히스타민이 과잉 분비되었을 때 알레르기 증상을 일으키게 돼요.

눈물, 콧물, 재채기는 대표적인 알레르기 증상이야!

프리즐 선생님 반 홈페이지 ×

http://FrizzleClass/Bestfriends

호기심 해결! 질문 톡톡

더 알고 싶은 과학, 프리즐 선생님에게 물어보세요!
웃음이 빵빵 터지는 수다 속에 과학 지식이 담겨 있어요.

Q 제가 쥐 알레르기가 아닌 게 얼마나 다행인지 몰라요. 그런데 실제로 '쥐 알레르기'가 있나요? 30분 전

 작성자 카를로스

↳ 답변자 프리즐 선생님

비단 쥐뿐만이 아니야. 털이 난 동물에 알레르기 반응을 보이는 사람들이 있단다. 그중 대부분은 털 자체가 아니라 반려동물의 피부에서 떨어지는 비듬과 각질, 소변, 대변, 침 등 분비물이 알레르기의 원인이 돼. 분비물이 털을 타고 떠다니며 알레르기 반응을 일으키는 거지. 만약 동물 알레르기가 있는데 키우고 싶은 사람이 있다면 반려동물과 접촉한 후에는 반드시 손을 씻고, 반려동물을 침대에서 재우지 말고 활동 공간을 제한해야 해. 만약 알레르기가 심한 경우라면 전문의와 상의하는 게 좋을 것 같구나.

↳ 답변자 랠프

반려동물의 털을 싹 깎아 버리는 방법도 있겠어요!

↳ 답변자 완다

랠프, 넌 갑자기 대머리가 되면 기분 좋겠어? 동물 입장도 생각해 줘!

Q 프리즐 선생님, 백혈구 말고 다른 혈액 세포도 있겠죠? 또 어떤 세포가 있어요? 17분전

 작성자 키샤

↳ 답변자 프리즐 선생님

혈액 속에는 수십 억 개의 세포들이 있어. 혈액 세포는 형태와 역할에 따라 나뉘는데, 백혈구 외에 적혈구와 혈소판이 있지. **적혈구**는 '헤모글로빈'이라는 색소에 산소를 결합시켜서 온몸으로 운반하는 역할을 해. 피가 빨간색인 이유는 바로 이 헤모글로빈 때문이란다. 또 **혈소판**은 상처가 났을 때 출혈을 막는 역할을 해. 피를 엉겨 끈적거리게 해서 상처 부위를 보호하는 피딱지를 만들지.

↳  답변자 조티

그럼 혈액에는 세포 말고 다른 것은 없나요?

↳ 답변자 도로시 앤

내 조사에 따르면, 혈액에는 누르스름한 색깔의 묽은 액체인 **혈장**이 있어. 백혈구, 적혈구, 혈소판은 바로 이 혈장 속을 떠다니는 거야. 혈장에는 호르몬과 영양소가 섞여 있는데 이를 몸 전체로 운반하는 역할을 한대.

↳ 답변자 랠프

프리즐 선생님, 다음엔 도로시 앤 몸속으로 가요. 쟤야말로 연구 대상이에요!

109

전 세계 1억, 국내 1천만의 신화, 어린이 과학책의 베스트셀러

신기한 스쿨버스™ 시리즈

5세 이상

신기한 스쿨버스™ 키즈 (전 30권)
조애너 콜 글 · 브루스 디건 그림 | 이강환, 이현주 옮김
우리 아이의 첫 과학 그림책. 아이가 좋아하는 내용으로 **과학 호기심이 쑥쑥**.

6세 이상

과학탐험대 신기한 스쿨버스™ (전 13권)
조애너 콜 외 글 · 브루스 디건 외 그림 | 이한음, 이강환, 김현명 옮김
혼자 읽기 좋은 과학 동화. 읽기 적당한 분량으로 **과학과 책 읽기에 자신감이 쑥쑥**.

8세 이상

신기한 스쿨버스™ (전 13권)
조애너 콜 글 · 브루스 디건 그림 | 이강환, 이연수, 이한음 옮김
전 세계에서 사랑받는 과학책의 베스트셀러. 더 많은 정보로 **과학 이해력이 쑥쑥**.

9세 이상

신기한 스쿨버스™ 어드벤처 (전 5권) NEW
앤마리 앤더슨 외 글 · 아트풀 두들러스 그림 | 이한음 옮김
읽기 능력이 자라나는 과학 스토리북. 흥미진진한 모험으로 **과학 문해력이 쑥쑥**.